PARIS

…SOHN, ÉDITEUR

…, rue des Saints-Pères

JUIN 1876

EXPOSITION

DE 1783

—

XXXII

COLLECTION

DES

LIVRETS

DES

ANCIENNES EXPOSITIONS

DEPUIS 1673 JUSQU'EN 1800

EXPOSITION DE 1783

PARIS

LIEPMANNSSOHN, ÉDITEUR

11, rue des Saints-Pères

JUIN 1870

NOMBRE DU TIRAGE

DU LIVRET DE 1783.

375 exemplaires sur papier vergé.
25 — sur papier de Hollande.
10 — sur chine.

N°

Ce livret est vendu seul 2 fr. 50.

NOTICE BIBLIOGRAPHIQUE.

LIVRET :

Nous avons rencontré quatre exemplaires différents de ce livret; mais quelques-uns de ces tirages présentent entre eux des différences si légères qu'on pourrait réduire à trois, et même à deux le nombre des éditions : La première a 58 p., 316 Nos et 2 p. d'arrêt et de privilége. A ce tirage se trouve joint dans quelques exemplaires un supplément non paginé, imprimé seulement au recto, contenant les Nos 317 à 320 et un errata qui lui-même renferme sur certains exemplaires une erreur, en renvoyant à la page 48 pour une Adoration des Rois, qui se trouve p. 46. Comme sur d'autres exemplaires cette erreur est rectifiée et l'errata porte p. 46, il y a eu un remaniement qui constituerait rigoureusement une troisième édition; mais ces trois éditions dépendent toujours d'un même tirage, augmenté ou non d'un supplément. Sur une quatrième édition, bien distincte des précédentes, les deux fautes indiquées par l'errata sont corrigées dans le cours du texte; ainsi l'errata est supprimé. Les titres du supplément ont été serrés de manière qu'au bas de la page se trouvait un espace vide. Cet espace est occupé par le début de l'arrêt qui sur cette édition se termine sur le verso de la page de supplément. Ainsi cette édition plus complète que la première, n'a que 60 p., y compris l'arrêt (les deux dernières ne portent pas de pagination et 320 numéros).

Nous suivons, selon notre habitude, le texte de la dernière édition; c'est pour cela que nous reproduisons ici l'errata dont nous parlions, afin de faciliter aux collectionneurs la distinction entre les différents exemplaires du premier tirage :

ERRATA

Page 20, N° 82, de 8 pouces, *lisez* : de 8 pieds.

Page 48 (2e *édition*) 46 (3e *édition*), n° 230, Adoration des Rois, *lisez :* des Bergers.

CRITIQUES :

Mercure de France, numéro de septembre.

Journal de Paris, 25 aout, 15, 17, 20, 21, 23, 26, 27, 28 septembre, 8 octobre. — Le 10 octobre le *Journal de Paris* contient une analyse de l'*Impartialité au Salon.*

Petites Affiches.

Mémoires secrets (par le continuateur de Bachaumont). Trois lettres sur le Salon. T. XXIV (1784), p. 1-54.

Correspondance secrète: 27 août et 18 octobre 1783.

Année Littéraire. Observations sur les ouvrages de peinture et sculpture exposés au Salon du Louvre le 25 août 1783. — Suite des observations sur les peintures..... 1783. T. VI, p. 217-266; 320-341.

(CAHIN DE LA BLANCHERIE) *Nouvelles de la république des Lettres et des Arts*, n° XXXIV, 19 novembre, in-4°, p. 304-6. Salon du Louvre.

La Vérité, Critique des Tableaux exposés au Sallon du Louvre en 1781. A Florence, et se trouve à Paris, chez Esprit. 1781. In-8° de 31 p. Prix 16 sols.

Avec une gravure à l'eau-forte, « où l'auteur, figu-
» rant la Vérité, mais pas aussi nud qu'elle, tourne le
» dos au public pour composer, écrit de la main gau-

» che, et est assis sur une chaise qui se rompt. » Bachaumont. (N° 9.) Cité aussi dans *Raffle de sept.*

Le Miracle de nos jours « ne mérite pas qu'on en » parle, ni même qu'on le lise. Bachaumont. » Il y a déjà une publication sous ce titre en 1779.

Le Pourquoi, ou l'Ami des Artistes. A Genève. 1781. in-8°, 35 p. (Cette brochure donne les initiales des auteurs de plusieurs critiques qui précèdent. L'auteur de celle-ci était sculpteur. Détails curieux sur l'état de l'Académie et sur quelques-uns de ses membres.)

Raffle de sept, ou Réponse aux Critiques du Sallon, 1781. A la Haye, et se trouve à Paris, chez Belin. In-8°, 23 p. (Prix : 12 sols.)

(Mérard de Saint-Just.) Lettre d'Arthiomphile à Madame Merard de St-Just sur l'Exposition au Louvre en 1781, des Tableaux, Sculptures, Gravures & Dessins des Artistes de l'Académie royale. (Extrait du Journal de Nancy). M.DCC. LXXXII. In-8° de 40 p. « Puisque votre volonté expresse m'ordonne de réitérer ce que j'exécutai en 1779 par une protec- » tion particulière, j'ai passé deux heures chaque » matinée au sallon de peinture, qui ne sera ou- » vert qu'après demain, comme vous le savez (p. 5). » Il parle de l'Adam et Eve de Bounien (sic) qui se voyait chez lui à la Bibliothèque du roi (daté à Paris du 23 août 1781). Voyez sur cette critique fort rare la Bibliographie de M. de Montaiglon, p. 39, qui assure qu'elle ne fut tirée qu'à six exemplaires.

Jugements sur nos peintres et nos sculpteurs. Philadelphie (Paris) 1781. In-8°.

Annonces, affiches et avis divers, ou *Journal général de France* (12 septembre 1783, p. 2119).

Observations générales sur le Sallon de 1783, et sur l'Etat des arts en France par M. L'.... P.... (L'abbé ...). 1783, in-8° de 47 p.

Messieurs, Ami de tout le monde. Molière, Amphitrion, Acte premier, Scène première, 1783, in-8° de 32 p.

Changez-moi cette tête, ou Lustucru au Sallon. Dialogue entre le duc de Malborough, un Marquis François et Lustucru. A Paris, chez Belin, 1783, in-12 de 42 p. (C'est, dit l'*Impartialité*, un nouveau domino de l'auteur de la brochure précédente.)

(Beffroy de Reigny). Malborough au Sallon du Louvre, première édition, contenant Discours préliminaire, Chansons, Anecdotes, Querelles, Avis, Critiques, Lettre à Mlle Julie, Changement de Têtes, etc., etc. Ouvrage enrichi de figures en taille-douce. *Par pari refertur. Phædr. fab.* à Paris aux dépens de l'Académie Royale de Peinture et de Sculpture; et se trouve au Louvre, sur les Quais de Gèvres et des Augustins, au palais Marchand, aux Faubourgs comme à la Ville, à Amsterdam, à Constantinople, à Londres, à Rome et enfin par toute la terre. 1783, in-8°, 32 p. (se termine par ces mots *en attendant le supplément*).

Avec huit spirituelles figures à l'eau-forte qui sont des charges de tableaux, et auxquelles M. Th. Arnauldet a consacré une page de description dans son article fur les Estampes satiriques publié par la *Gazette des Beaux-Arts* en 1859 (t. IV, p. 110).

Le Véridique au Sallon; le prix est de vingt sols. A Athènes, et se trouve à Paris, chez Cailleau et Petit. 1783. In-8° de 32 p.

Le triumvirat des Arts, ou dialogue entre un peintre, un musicien et un poëte sur les Tableaux exposés au Louvre. Année 1783. Pour servir de continuation au Coup de patte et à la Patte de velours. Prix 1 l. 4 s. Aux Antipodes, in-8° de 44 p.

(J. B. Pujoulx). Momus au Sallon, comédie-critique en vers et en vaudevilles, suivie de notes critiques. Le prix est de 1 liv. 10 sols. 1783 (in-8°, 70 p.).

Entretiens sur les tableaux exposés au Salon en 1783, ou jugements de M. Quil, Lay, Procureur au Chatelet, et son Epouse; Madame Fi, delle et Mademoiselle Descharmes, nièce de Maître Lami, et a

M. Dessence, Apothicaire-Ventilateur. 1783 (en dialogue), in-8° de 59 p.

Les peintres volants, ou dialogue entre un françois et un anglois sur les tableaux exposés au Sallon du Louvre en 1783. In-8° de 29 p.

(Jean-Baptiste-Modeste Gence). Entretien paisible entre un François et un Anglois sur les peintures du Sallon, cité dans l'*Histoire littéraire d'Amiens*, p. 410. M. de Montaiglon a mis cette critique à l'année 1783, en avouant ne pas en connaître la date exacte. Nous n'avons pas de motif pour revenir sur son attribution.

(Lesuire). La morte de trois mille ans au Sallon de 1783. A Amsterdam, et à Paris, chez Quillau l'aîné. 1783. In-12 de 24 p. (Par l'auteur du *Coup d'œil d'un aveugle*, 1775; de *la Demoiselle de 14 ans*, 1777; du *Mort vivant*, 1779; de *la Muette qui parle*, 1781, qui d'après un avis placé à la fin de cette critique se trouvent chez le même éditeur).

Apelle au Sallon 1783. S. l. In-12 de 25 p.

(J. B. Pujoulx). Le Songe ou la Conversation à laquelle on ne s'attend pas, scène critique; la scène est au Sallon de 1783. (En prose.) A Rome, 1783. In-8° de 35 p. — Les personnages des tableaux se parlent entr'eux.

Loterie pittoresque pour le Salon de 1783. A Amsterdam. 1783, in-8° de 26 p.

Sans Quartier au Sallon; avec un précis de la vie de Sans-Souci, élève de M. Raphaël, des Porcherons, histoire très-véritable. Prix 1 liv. 4 sols. A Amsterdam. 1783. In-8° de 49 pages, en prose entremêlée de couplets. (Un exemplaire porte : Prix 1 livre).

Le Paysan de Béotie (cité seulement dans *Reponse à toutes les critiques...*)

Le Sallon à l'Encan, rêve pistoresque mêlé de vaudevilles (en dialogue), in-8° de 36 p. (prose et vers).

La Critique est aisée mais l'art est difficile. S. l. n. d. In-12 de 26 p.

(Renou, le peintre). L'impartialité au Sallon dédiée

à Messieurs les Critiques présens et à venir. Prix 12 sols. A Boston, et se trouve à Paris, chez les marchands de nouveautés. 1783. In-8° de 39 pages. (L'auteur de cette critique est indiquée par le Discours et Mémoire justificatif de M. Renou, secrétaire-adjoint, lu par lui-même à la séance du 29 septembre 1787. Voy. la *Bibliographie* du Sallon de 1787).

Réponse à toutes les critiques sur les tableaux du Sallon de 1783 par un frère de la Charité. Prix vingt-quatre sols à Rome. In-8° de 63 pages.

(M. de Miramond). Vers à Madame Lebrun, de l'Académie royale de peinture sur les principaux ouvrages dont elle a décoré le Sallon cette année. A Paris, Gueffier. 1783, in-8°, 7 p.

M. de Montaiglon parle aussi de couplets non imprimés, mais gravés, dirigés contre Mesdames Guiard, Lebrun et Coster, qui se vendaient dans le Louvre et connus de lui seulement par une requête de Ducis à Mme d'Angivillers pour en faire interdire la vente. La lettre du Ducis, du 19 septembre 1783 fut publiée dans la Revue Rétrospective. T. V, p. 315-6.

Mercure et les Ombres, pièce en vers représentée sur le théâtre de l'Ambigu-Comique le 22 décembre 1783. Prix 1 l. 4 s. A Paris, chez Brunet, de l'imprimerie de Valade. (L'avertissement nous prévient en ces termes qu'il est question dans cette pièce à rapport du Salon de 1783 : « C'est Lamothe qui m'a fourni le sujet de cette bagatelle; je commençai ces scènes trois jours après l'ouverture du Sallon. Une longue maladie ne m'a permis de les finir que longtemps après sa clôture. Mais les chefs-d'œuvre dont j'ai parlé dans les scènes 8, 9 et 12 sont encore trop présents à ceux qui les ont admirés pour que je craigne de n'être pas entendu. »)

EXPLICATION

DES PEINTURES,

SCULPTURES

ET GRAVURES,

DE MESSIEURS

DE L'ACADÉMIE ROYALE,

Dont l'Expoſition a été ordonnée, ſuivant l'intention de SA MAJESTÉ, par M. le Comte DE LA BILLARDRIE D'ANGIVILLER, *Conſeiller du Roi en ſes Conſeils, Meſtre-de-Camp de Cavalerie, Chevalier de l'Ordre Royal & Militaire de S. Louis, Commandeur de l'Ordre de S. Lazare, Intendant du Jardin du Roi, Directeur & Ordonnateur-Général des Bâtimens de Sa Majeſté, Jardins, Arts, Académies & Manufactures Royales; de l'Académie Royale des Sciences.*

A PARIS, *rue S. Jacques,*

De l'Imprimerie de la Veuve HERISSANT, Imprimeur du ROI, des Cabinet, Maiſon & Bâtimens de SA MAJESTÉ, de l'Académie Royale de Peinture, &c.

M. DCC. LXXXIII.

AVEC PRIVILÉGE DU ROI.

AVERTISSEMENT.

Chaque Morceau eſt marqué d'un Numéro répondant à celui qui eſt dans le Livre. Pour en faciliter la recherche, on a interrompu l'ordre des grades de Meſſieurs de l'Académie, & les Ouvrages ſont rangés ſous les diviſions générales de Peintures, Sculptures & Gravures : *ainſi, pour trouver le Numéro marqué ſur un Tableau, le Lecteur verra au haut des pages,* Peintures, *& ne cherchera que dans cette partie. Il en ſera de même des autres.*

EXPLICATION

Des PEINTURES, SCULPTURES, & autres Ouvrages de Meſſieurs de l'Académie Royale, qui ſont expoſés dans le Sallon du Louvre.

PEINTURES.

OFFICIERS.

RECTEURS.

Par M. *Vien*, Chevalier de l'Ordre du Roi, ancien Directeur de l'Académie de France à Rome, Honoraire de l'Académie de S. Luc de Rome, &c., Recteur.

Nº 1. Priam partant pour ſupplier Achille de lui rendre le corps de ſon Fils Hector.

Ce Roi eſt repréſenté dans le moment où il ſe diſpoſe à monter ſur ſon char. Pâris tient les rênes des chevaux, tandis que ſes freres s'empreſſent de charger, fur d'autres chars, les vafes, trépieds & tapis, que ce Pere deftine en préfent au vainqueur de fon fils. Andromaque, accablée de douleur, s'appuye fur l'épaule de Priam; & Hécube, fuivie de fes femmes, & tenant une coupe d'or, femble exciter fon époux à faire des libations, pour obtenir des Dieux un heureux fuccès. L'Aigle, qui plane dans le ciel, annonce que fes vœux feront exaucés.

Ce Tableau, de 13 pieds de large, fur 10 de haut, eft ordonné pour le Roi.

ADJOINTS A RECTEUR.

Par M. *de la Grenée*, l'aîné, Directeur de l'Académie de France à Rome, de l'Académie des Arts de Saint-Péter sbourg, &c. Adjoint à Recteur.

2. Les deux Veuves d'un Indien.

Eumène, un des fucceffeurs d'Alexandre, après une bataille contre Antigone, faifant enfevelir les morts, il fe trouva parmi les corps, celui d'un Officier Indien, qui avoit amené fes deux femmes. Il avoit époufé l'une d'elles tout récemment. La Loi du pays ne permettoit pas à une femme de furvivre à fon mari. Si elle refufoit d'être brûlée avec lui fur fon bûcher, elle étoit déshonorée; mais la Loi ne parloit que d'une feule femme, & il s'en trouvoit deux; chacune prétendoit devoir être préférée. La premiere faifoit valoir fon droit d'ancienneté; la feconde répondoit, que la Loi même donnoit l'exclufion à fa rivale, puifque actuellement elle étoit enceinte; on jugea en faveur de celle-ci. La premiere se retira fort triste & baignée de larmes, déchirant ses habits & s'arrachant les cheveux; l'autre, au contraire, parée de ses plus riches ornemens, comme dans un jour de noces, s'avance avec gravité vers le lieu de la cérémonie, où, placée sur le bûcher par la main de son propre frere, à côté de son mari, elle expira au milieu des acclamations & des regrets de tous les spectateurs.

Ce Tableau, ordonné pour le Roi, a 13 pieds de large, sur 10 de haut.

3. Autres Tableaux sous le même numéro.

PROFESSEURS.

Par M. *Vanloo*, Peintre du Roi de Prusse, Professeur.

4. Zéphyre & Flore, ou le Printemps.

Ce Tableau de 10 pieds de large, sur 10 de haut, est ordonné pour le Roi.

Par M. *Lépicié*, Professeur.

5. Zèle de Mathathias, tuant un Juif qui sacrifioit aux Idoles. Sujet tiré du premier Livre des Machabées, chap. 2.

Tableau pour le Roi, de 8 pieds de large, sur 10 de haut.

6. La Paysanne revenant du bois.

3 pieds 1 pouce de haut, sur 2 pieds 7 pouces de large.

7. Le Vieillard Voyageur.

2 pieds & demi de haut, fur 2 pieds 4 pouces de large.

8. Un Enfant au milieu des amufemens de fon âge.

2 pieds & demi de haut, fur 2 pieds de large.

9 Le Déjeûner des Elèves.

Tableau peint fur bois, d'un pied 6 pouces & demi de haut, fur 1 pied 4 pouces de large.

10. Le Petit Indigent. Tableau fur bois, & autres fous le même Numéro.

Par M. *Brenet*, Profeffeur.

11. Virginius prêt à poignarder fa Fille.

Le moment eft celui où Virginius, après avoir demandé à Appius, de parler à l'écart un moment à fa fille, fuivie feulement de fa nourrice, faifit un couteau fur l'étal d'un Boucher, & en tue Virginie, en lui difant : *Voilà le feul moyen de fauver ton honneur & ta liberté.*

Sujet tiré des révolutions romaines de l'Abbé de Vertot.

Ce Tableau, pour le Roi, a 8 pieds de large, fur 10 de haut.

12. Courtoifie du Chevalier Bayard.

A la prife de Breffe, Bayard étant bleffé, fut porté dans la maifon d'un gentilhomme. A la priere de la Dame, il préferva la maifon de tout pillage, protégea le pere & l'honneur de fes deux filles. Quand il fut rétabli, la mere, entrant dans fa chambre, fit dépofer fur une table un coffre-fort d'acier, qui contenoit deux mille cinq cens ducats.

Le Chevalier, après s'être long-temps défendu de les accepter, n'y consentit qu'à condition qu'il feroit ses adieux à ses aimables Demoiselles. Elles venues; voilà, leur dit-il, deux mille cinq cens ducats dont je puis disposer; recevez en mille chacune pour présent de noces; quant aux cinq cens qui restent, vous les distribuerez au couvent des Religieuses qui ont le plus souffert. Obligées d'emporter l'argent, les Demoiselles revinrent le moment d'après, & présenterent chacune à Bayard un bracelet tissu de leurs cheveux, & le lui attacherent au bras; le Chevalier promit de ne les point ôter tant qu'ils dureroient. C'est l'instant choisi par l'Artiste.

Histoire de France de l'Abbé Garnier, Tom. 22, *regne de Louis XII.*

Ce Tableau a 3 pieds de haut, sur 4 de large.

Par M. *Durameau*, Peintre de la Chambre & Cabinet du Roi, Professeur.

13. Herminie sous les armes de Clorinde.

Herminie s'étant revêtue de l'armure de Clorinde, pour sortir de Jérusalem & panser les blessures de Tancrède, qui avoit été blessé par Argant, est emportée loin du camp des Chrétiens par son cheval & par la frayeur. Après avoir erré toute la nuit dans un bois, au lever de l'Aurore, attirée par le son d'un instrument champêtre, elle s'approche d'une cabane, où elle trouve un vieillard, qui s'occupoit à faire des corbeilles d'osier, & qui écoutoit avec plaisir le chant de trois jeunes garçons qui gardoient des troupeaux auprès de lui. Elle lui demande un aſyle. C'eſt le moment du Tableau.

Jéruſalem délivrée, ch. 7.

Ce Tableau, ordonné pour le Roi, a 8 pieds de large, ſur 10 de haut.

Par M. *de la Grenée*, le jeune, Profeſſeur.

14. Fête à Bacchus ou l'Automne.

Tableau pour le Roi, de 10 pieds de large, ſur 10 de haut.

15. Allégorie relative à l'établiſſement du Musæum dans l'ancienne Galerie des Plans au Louvre. Près du piédeſtal ſur lequel on voit le Buſte du Roi, l'Immortalité reçoit des mains de la Peinture, de la Juſtice & de la Bienfaiſance, le Portrait de M. le Comte d'Angiviller, pour être placé dans ſon Temple. Derriere la Figure de l'Immortalité, le Génie des Arts releve un rideau, & l'on apperçoit une partie de la grande Galerie, où pluſieurs petits Génies tranſportent & placent les Tableaux du Roi.

Ce Tableau, de 2 pieds de large, ſur 18 pouces de haut, eſt peint à l'huile & collé ſur glace, ainſi que les arabeſques de la bordure. L'Auteur en a fait préſent à l'Académie.

16. Bacchus apporté par Mercure aux Corybantes.

Ce Tableau appartient à M. le Maréchal de Noailles.

17. Deux Petits, l'un repréſente une Femme qui offre un Sacrifice, & l'autre une Femme que l'on va mettre au Bain.

Les arabefques des bordures font collés fur verre.

18. Charité Romaine.

De 2 pieds & demi de large, fur 20 pouces de haut. Elle appartient à M. Ozanne.

19. Mort d'Adonis.

Ce Tableau, de 15 pouces de large, fur 9 pouces & demi de haut, eft tiré du Cabinet de M. le Comte d'Angiviller.

20. S. Jean prêchant dans le Défert.

De 7 pieds de haut, fur 5 de large.

21. Télémaque parmi les Bergers d'Egypte.

22. Télémaque laiffé feul avec Mentor, regarde avec plaifir les beaux habits que les Nymphes de Calypfo lui avoient préparés, Mentor femble lui reprocher de s'occuper de penfées indignes du Fils d'Ulyffe.

Ces trois Tableaux appartiennent à Madame la Comteffe de Vallin.

23. Deux Jeux d'Enfans. L'un repréfente une Vendange, & l'autre une Moiffon.

Ils appartiennent à M. le Duc de Chabot.

Deffins.

24. Les Tarquins adjugeant à Lucrèce le prix de la vertu.

Grand deffin fur papier bleu.

25. Plufieurs autres Deffins, fous le même numéro.

ADJOINTS A PROFESSEUR.

Par M. *Taraval*, de l'Académie Royale des Arts de Stockolm. Adjoint à Profeffeur.

26. Sacrifice de Noë au fortir de l'Arche,

Ce Tableau, ordonné pour le Roi, a 8 pieds de large, fur 10 de haut.

27. Portrait de M. l'Abbé Trois, Docteur de Sorbonne, Supérieur de la Maifon du Saint-Efprit, près l'Hôtel-de-Ville.

28. Tête d'Enfant, c'eft un Amour battant le tambour avec fon flambeau.

16 pouces de haut, fur 14 de large.

Par M. *Ménageot*, Adjoint à Profeffeur.

29. Aftyanax arraché des bras d'Andromaque par l'ordre d'Ulyffe.

Après la prife de Troye, les Grecs craignant qu'Aftyanax, fils d'Hector, ne vangeât un jour la mort de fon pere, réfolurent de le faire périr en le précipitant du haut d'une tour. Uliffe, chargé de le chercher, découvrit qu'Andromaque l'avoit fait cacher dans le tombeau de fon époux. Il l'en fait tirer, & le livre à la fureur des Grecs, malgré la douleur & les larmes de cette malheureufe Mere.

Tableau pour le Roi, de 10 pieds de large fur 10 de haut.

30. Tableau allégorique, ordonné par la Ville de Paris, au fujet de la Naiffance de Monfeigneur LE DAUPHIN.

La France tient entre fes bras Monfeigneur le Dauphin nouvellement né; la Sageffe le précéde, & la Santé le foutient : à fa fuite font la Justice, la Paix & l'Abondance. Sur un péron qui occupe le premier plan du Tableau, le Corps-de-Ville vient recevoir Monfeigneur le Dauphin, & remercie le ciel du préfent qu'il vient de faire à la France. Du côté oppofé le Peuple en foule exprime, par fon empreffement, la joie & la félicité publique. Dans le fond du Tableau eft la pyramide de l'immortalité, ornée des Portraits du Roi & de la Reine. On apperçoit au haut de ce monument, la Victoire qui y grave l'époque de la naiffance du Prince, ce qui fait allufion à la prife de Yorck Town, dont la nouvelle eft arrivée le même jour de l'accouchement de la Reine.

Ce Tableau a 14 pieds 6 pouces de large, fur 10 pieds 2 pouces de haut.

31. Charité Romaine.

Tirée du Cabinet de M. Cochu, Docteur de la Faculté de Médecine.

Par M. *Suvée*, Adjoint à Profeffeur.

32. Fête à Palès, ou l'Eté.

Tableau de 10 pieds de large, fur 10 de haut, ordonné pour le Roi.

33. Réfurrection.

Tableau deftiné pour le Maître-Autel de l'Eglife de S. Walburge, à Bruges en Flandres, de 18 pieds de haut, fur 12 de large.

34. Le Don réciproque, ou l'Amour & la Fidélité.

Il appartient à Madame la Marquife de Champcenetz.

35. Allégorie relative à la Dévotion du Sacré Cœur.

Tableau pour la Chartreufe de Port-Saint-Marie, de 5 pieds & demi de large, fur 8 de haut.

36. Portrait en pied de M. Van-Outryve.

5 pieds & demi de large, ſur 7 pieds & demi de haut.

CONSEILLERS.

Par M. *Vernet*, Conſeiller.

37. Deux Tableaux, dont l'un un Payſage au lever du Soleil avec de hautes montagnes, des rochers & des chûtes d'eau, & l'autre un Payſage au coucher du ſoleil avec des Baigneuſes.

Ces Tableaux, de 4 pieds 1 pouce de large, ſur 2 pieds 9 pouces de haut, appartiennent à M. Gérardot de Marigny.

Par M. *Roſlin*, Conſeiller, Chevalier de l'Ordre de Vaſa, & de l'Académie Royale de Stockolm.

38. Portrait de M. l'Archevêque de Narbonne.

39. Portrait de Madame Vallayer-Coſter, Académicienne.

40. Portrait de l'Auteur, par lui-même.

41. Jeune Fille s'apprêtant à orner la ſtatue de l'Amour d'une guirlande de fleurs.

4 pieds 3 pouces, ſur 3 pieds 3 pouces.

42. Pluſieurs Portraits ſous le même numéro.

Par M. *de Machy*, Conſeiller.

43. Vue priſe du Pont-Neuf. On voit la Monnoie, partie de la colonnade & de la galerie du Louvre juſqu'au Pont-Royal.

Ce Tableau, de 4 pieds 11 pouces de large, ſur 3 pieds 3 pouces de haut, appartient au Roi.

44. Autre Vue d'une partie de la colonnade du Louvre, & des démolitions de l'ancien Hôtel de Rouillé.

3 pieds de large, ſur 3 pieds de haut.

45. Ruine d'Architecture.

Ce Tableau de 2 pieds, forme ronde, eſt tiré du Cabinet de M. le Maréchal de Noailles.

46. Autre Tableau d'Architecture, on y voit la Statue de la Place des Victoires.

21 pouces de large, ſur 2 pieds 1 pouce de haut.

47. Clair de Lune, peint par Meſſieurs de Machy & Hue.

De 3 pieds 9 pouces de large, & de 2 pieds 9 pouces de haut.

Par M. *Dupleſſis*, Conſeiller.

48. Portrait de M. Necker.

49. Portrait de Madame Necker.

50. Pluſieurs Portraits ſous le même numéro.

Par M. *Beaufort*, Conſeiller.

51. Le Duc de Guiſe chez le Préſident du Harlay.

Sous le regne de Henri III, le Duc de Guiſe, ſurnommé *le Balafré*, auteur & chef des factions qui troubloient le royaume, indigné des obſtacles qu'oppoſoit à ſes deſſeins la fermeté du Préſident du Harlay, ſe préſente chez ce Magiſtrat ſuivi de gens de la lie du Peuple. Le Préfident, calme & inébranlable, ne fit d'autre réponfe à ces difcours, que celle-ci : *Mon âme eft à Dieu, & mon cœur au Roi; je vous livre ma perfonne.* Le Duc déconcerté, fe retira avec dépit. Ce moment eft celui du Tableau.

Ce Tableau, pour le Roi, a 8 pieds de large, fur 10 de haut.

ACADÉMICIENS.

Par M. *Casanova*, Académicien.

52. Un Pont ruiné, avec animaux & figures, appartenant à M. le Prince de Montbarey, Miniftre d'Etat.

53. Un coup de vent.

    Tableau appartenant à M. de Monregard, Intendant des Poftes.

54. Une vache & des moutons.

    Tableau appartenant à Madame Cafanova.

55. Deux petits Tableaux, l'un repréfente un clair de Lune, & l'autre une Matinée.

    Ils appartiennent à M. Pécoul.

Par M. *Guérin*, Académicien.

56. Deux Tableaux, l'un un Enfant qui ne fait pas fa leçon, & l'autre le Maître de Harpe.

    22 pouces fur 18.

57. Deux autres petits Tableaux à la gouache, repréfentant des Voyageufes.

13 pouces fur 16.

58. Tableau allégorique; Efquiffe fur la Naiffance de Mgr LE DAUPHIN, annoncée à l'Hôtel-de-Ville auffitôt que la reddition de l'armée aux ordres du Général Cornwalis.

Par M. *Robert*, Académicien.

59. Deux Tableaux, l'un un canal bordé de colonnades & de grands efcaliers; il eft traverfé fur le devant par un arc de triomphe, & dans le fond par un pont triomphal.

L'autre les ruines d'un Temple bâti à Athènes.

Ces Tableaux de 6 pieds 8 pouces de large, fur 5 pieds de haut, font tirés du Cabinet de M. le Comte de Choifeul Gouffier.

60. Un Pont antique à trois milles de Rome fur le Tibre.

5 pieds 9 pouces de large, fur 4 pieds 6 pouces de haut.

61. L'intérieur d'un Attelier de Rome, dans lequel on reftaure des ftatues antiques. Cet Attelier eft pratiqué & conftruit dans les débris d'un ancien Temple.

5 pieds de large, fur 3 pieds 9 pouces de haut.

62. L'Arc de Titus à Rome, éclairé par le Soleil couchant.

Ce Tableau, de 2 pieds 11 pouces de haut, fur 2 pieds 7 pouces de large, eft tiré du Cabinet de M. le Comte de Vaudreuil.

63. Intérieur de l'habitation d'un Payfan.

Ce Tableau de 2 pieds de large, fur 20 pouces de haut, appartient à Madame la Marquife de Beringhem.

64. Un Capucin prêchant au Peuple dans les ruines de Rome.

Ce Tableau, d'un pied 10 pouces de haut, fur 1 pied 7 pouces de large, appartient à M. le Comte de Coffé.

65. Marius affis fur les ruines de Carthage.

Ce Tableau ovale, de 22 pouces de large, fur 19 de haut, appartient à M. le Comte de Toulongeon.

66. Deux Tableaux peints d'après nature dans les Jardins de Marly.

De 14 pouces de haut, fur 9 de large, ils appartiennent à M. de Courmont.

67. Différens Deffins coloriés de ruines & de vues d'après nature, fous le même Numéro.

Par M. *Clériffeau*, premier Architecte de S. M. de toutes les Ruffies, Honoraire de l'Académie de Saint-Pétersbourg & de la Société Royale de Londres, Académicien.

68. Deux Tableaux d'Architecture, l'un eft l'arc de Conftantin à Rome, & l'autre eft de compofition.

1 pied 10 pouces de haut, fur 1 pied 5 pouces de large; ils appartiennent à M. de Joubert, Tréforier des Etats de Languedoc.

69. Deux autres Tableaux d'Architecture, fous le même numéro, l'un à M. le Marquis d'Arbouville, & l'autre à M. Robert, Peintre du Roi.

70. Intérieur ruiné d'une Chambre ſépulcrale.

2 pieds 10 pouces de large, ſur 1 pied 11 pouces de haut.

Par M. *Paſquier*, Académicien.

71. Les Portraits de M. le Comte & de Mme la Comteſſe du Nord, peints à Lyon.

72. Portraits en émail de Madame de Saint-Clement de Lyon.

73. Portrait en émail de Mademoiſelle Rayecka, Peintre & penſionnaire du Roi de Pologne.

74. Pluſieurs autres Portraits ſous le même numéro.

Par Mme *Vallayer-Coſter*, Académicienne.

75. Portrait de M. l'Abbé ***.

3 pieds 9 pouces de haut, ſur 2 pieds 3 pouces de large.

76. Tableau de Gibier, avec des attributs de chaſſe.

2 pieds 10 pouces de large, ſur 2 pieds 4 pouces de haut; il appartient à M. Girardot de Marigny.

77. Un Tableau repréſentant un Vaſe d'albâtre rempli de fleurs; ſur une table ſont pluſieurs eſpèces de fruits, comme ananas, pêches & raiſins.

3 pieds 4 pouces de haut, ſur 2 pieds 9 pouces de large.

78. Un Enfant tenant d'une main un pigeon, de l'autre une ceriſe.

Tableau ovale d'un pied & demi de haut, ſur 13 pouces de large.

79. Une jeune Cuiſiniere qui écorche une anguille.

17 pouces de haut, fur 14 de large.

80. Deux petits Tableaux ovales, repréfentant l'un une Marchande de marée, & l'autre une Marchande de fleurs.

81. Autre petit ovale repréfentant deux pluviers dorés & un lapreau.

Ce Tableau, peint fur cuivre, a 7 pouces de haut, fur 6 de large.

Par M. *Jollain*, Académicien.

82. Le frappement du Rocher.

Tableau pour le Roi, de 8 pieds de large, fur 10 de haut.

83. Quatre Tableaux repréfentant les faifons, fous le même numéro.

24 pouces de large, fur 20 de haut.

Par M. *Weyler*, Académicien.

84. Plufieurs Portraits en émail & en miniature, fous le même numéro.

Par M. *Callet*, Académicien.

85. Les Saturnales, ou l'Hiver.

Ces Fêtes chez les Romains fe célébroient dans le mois de Décembre en l'honneur de Saturne; les maîtres fervoient leurs efclaves, & le peuple fe livroit pendant quinze jours à toutes fortes de débauches.

Ce Tableau, pour le Roi, eſt de 10 pieds de haut, ſur 10 de large.

Par M. *Berthellemy*, Académicien.

86. Maillard tue Marcel.

Marcel, Prévôt de la Ville de Paris, chef d'une faction puiſſante, avoit fait révolter les Pariſiens contre l'autorité légitime du Dauphin, Régent pendant la captivité du Roi Jean, & s'étoit porté aux plus grands excès, même contre ce Prince. Se voyant enfin déteſté de la plus grande partie du peuple, dont il avoit été l'idole, en horreur à tous les bons Citoyens, & n'eſpérant pas obtenir du Régent une grace dont ſes crimes l'avoient rendu indigne, il voulut ſe faire un appui du Roi de Navarre, & convint de lui livrer la Ville de Paris. Les troupes de ce Prince, jointes aux rebelles, devoient s'emparer de la Baſtille Saint-Antoine, ſe répandre enſuite dans la Ville, & maſſacrer tous les partiſans du Régent, dont les maiſons étoient marquées. En conſéquence, pendant la nuit, Marcel vint à la porte Saint-Antoine, renvoya les Bourgeois qui la gardoient, leur ſubſtitua des gens à ſa dévotion & prit les clefs de la porte. Le crime alloit ſe conſommer, lorſqu'un fidèle Bourgeois, Capitaine de quartier, nommé *Jean Maillard*, qui avoit pénétré les deſſeins du Prevôt, ſurvint avec une troupe de ſes amis, & abordant Marcel : *Etienne*, lui dit-il, *que faites-vous ici à cette heure? Jean*, répondit le Prevôt, *à vous qu'importe de le ſavoir? Je ſuis ici pour prendre garde à la Ville, dont j'ai le gouvernement. Pardieu,* reprit Maillard, *il n'en va mie ainſi, ains n'êtes ici à cette heure pour nul bien, & je vous montrerai,* continua-t-il en s'adreſſant à ceux qui étoient avec lui, *comme il tient les clefs de la porte pour trahir la Ville. Jean, vous mentez,* replique le Prevôt; *mais vous, Etienne, mentez,* s'écria Maillard tranſporté de fureur, en même temps il leve ſa hache d'armes, le frappe à la tête & l'abat à ſes pieds, quoiqu'il fût armé de ſon pot de fer. Le corps du Prevôt fut mis en pièces par le Peuple, ſes complices furent punis, & la Ville rentra dans le devoir, en 1358.

Ce Tableau, pour le Roi, a 8 pieds de large, ſur 10 de haut.

87. Deux Têtes d'Etude ſous le même numéro.

Par M. *Van-Spaendonck*, Peintre du Cabinet du Roi, Académicien.

88. Un Vaſe d'albâtre orientale rempli de différentes fleurs, poſé ſur un ſocle, où ſont repréſentés des Enfans en bas-relief.

2 pieds & demi de haut, ſur 2 de large.

89. Deux Tableaux ovales, l'un un Vaſe de lapis laſulis, & l'autre un Vaſe de porphire; tous deux remplis de différentes fleurs.

17 pouces de haut, ſur 14 de large.

90. Etude de Pêches, poſées ſur une pierre.

9 pouces de haut, ſur 13 de large.

91. Autre Tableau de Pêches dans une aſſiette.

14 pouces de haut, ſur 17 de large.

92. Deux Plantes étrangeres peintes ſur vélin, faiſant ſuite de la collection des plantes pour le Roi.

15 pouces de haut, ſur 12 de large.

Par M. *Vincent*, de l'Académie de Dijon, Académicien.

93. Achille ſecouru par Vulcain, combat les Fleuves du Xante & du Simoïs. *Sujet tiré d'Homère.*

Tableau, pour le Roi, de 10 pieds de haut, ſur 10 de large.

94. Enlèvement d'Orithie.

Morceau de réception de l'Auteur, de 9 pieds de haut, ſur 7 de large.

95. Le Paralytique guéri à la Piſcine.

De 8 pieds 9 pouces de large, ſur 10 pieds 8 pouces de haut.

96. Autre Enlèvement d'Orithie.

De 2 pieds 9 pouces de large, ſur 3 pieds 3 pouces de haut.

97. Deux Etudes de tête ſous le même numéro.

Par M. *Hue*, Académicien.

98. Deux Tableaux, l'un un Soleil couchant, l'autre un clair de Lune. Les vues ſont des environs de Rouen.

Ils ont 4 pieds 10 pouces de haut, ſur 7 de large.

99. Deux autres Tableaux, l'un la vue d'une Forêt priſe à Fontainebleau, l'autre un Payſage très-étendu des environs de Montmorenci,

4 pieds 6 pouces de haut, fur 5 pieds de large.

La Forêt eft le morceau de réception de l'Auteur.

100. Un Orage dans une campagne, éclairée par la foudre, qui fillonne dans les nuages.

3 pieds 2 pouces de haut, fur 4 pieds 2 pouces de large.

101. Vue des environs de Montmorenci, dans un moment de grand vent.

2 pieds 8 pouces de haut, fur 3 pieds 2 pouces de large.

102. Autre vue de Montmorenci.

2 pieds de haut, fur 2 pieds 6 pouces de large.

103. Etude de vache d'après nature.

3 pieds de haut, fur 2 pieds 8 pouces de large.

104. Vue d'un petit Moulin des environs de Saint-Denys.

18 pouces de haut, fur 24 de large.

Par M. *Sauvage*, Académicien.

105. Un Tableau repréfentant une Table garnie d'un tapis de Turquie, fur laquelle eft placé l'Enfant à la cage de M. Pigalle, un Cafque, le Vafe de Médicis en bronze, au bas un Bouclier & autres objets.

C'eft le morceau de réception de l'Auteur, il a 5 pieds de haut, fur 3 pieds 9 pouces de large.

106. Bas-relief imitant le bronze; le ſujet eſt une Fête au Dieu Pan par des enfans.

3 pieds 10 pouces de large, ſur 3 pieds 3 pouces de haut.

107. Bas-relief imitant le vieux marbre; le ſujet eſt un bacchanale auſſi repréſenté par des Enfans.

4 pieds de long, ſur 16 pouces de haut.

108. Deux petits Bas-reliefs imitant la Terre cuite, d'après M. Clodion; ils repréſentent des Satyres & des Femmes qui font danſer de petits Satyres.

14 pouces de long, ſur 12 de haut. Ces deux Tableaux appartiennent à M. le Prince de Condé.

109. Un Cadre contenant deux petits Camées à gouache, qui font des Fêtes à Cérès & à Bacchus; deux petits Bas-reliefs imitant le bronze, & différens Camées de forme ronde.

Par Madame *Le Brun*, Académicienne.

110. Portrait de la REINE.

3 pieds 10 pouces de haut, ſur 3 pieds 2 pouces de large.

111. Portrait de MONSIEUR.

112. Portrait de MADAME.

Tableaux ovales d'environ 3 pieds 6 pouces de haut, ſur 2 pieds 11 pouces de large.

113. Junon venant emprunter la ceinture de Venus. *Iliad. d'Homère*, l. 14,

Ce Tableau, de 5 pieds 6 pouces de haut, ſur 4 pieds 6 pouces de large, appartient à Mgr. le COMTE D'ARTOIS.

114. Vénus liant les aîles de l'Amour.

Ce Tableau, peint au paſtel, appartient à M. le Comte de Vaudreuil.

4 pieds 6 pouces de haut, ſur 3 pieds 10 pouces de large.

115. La Paix ramenant l'Abondance.

Ce Tableau, de 4 pieds 2 pouces de haut, ſur 5 de large, eſt le morceau de réception donné par l'Auteur.

116. Portrait de Mme la Marquiſe de la Guiche.

4 pieds 6 pouces de haut, ſur 3 pieds 8 pouces de large.

117. Portrait de Mme Grant.

Ovale de 3 pieds 10 pouces de haut, ſur 3 pieds 2 pouces de large.

118. Portrait de Mme ***.

119. Portrait de Mme Lebrun, peint par elle-même.

3 pieds 10 pouces de haut, ſur 3 pieds 2 pouces de large.

120. Portrait de Mlle Lebrun, ſa fille.

Ovale en paſtel, 24 pouces de haut, ſur 20 de large.

121. Pluſieurs Portraits ſous le même N°.

Par Madame *Guiard*, Académicienne.

122. Portrait de M. le Comte de Clermont Tonnerre.

3 pieds 1 pouce de haut, ſur 2 pieds 7 pouces de large.

123. Portrait de M. Brizard dans le rôle du Roi Léar. Au bord de la caverne & à l'inſtant du réveil, Acte IVe. Scène V.

O la douce lumière!

Ce Tableau, de 3 pieds 7 pouces de haut, fur 3 pieds 1 pouce de large, appartient à Mme la Comteffe d'Angiviller.

Portraits de plufieurs Artiftes de l'Académie.

124. De M. Vien.

125. De M. Pajou, modelant le portrait de M. Lemoine fon Maître.

C'eft le morceau de réception de l'Auteur.

126. De M. Bachelier.

127. De M. Gois.

128. De M. Suvée.

129. De M. Beaufort.

130. De M. Voiriot.

131. Portrait de Mme Mitoire avec fes Enfans, & donnant à têter à l'un d'eux.

3 pieds 5 pouces de haut, fur 2 pieds de large.

132. Tête de Cléopatre.

2 pieds 3 pouces de haut, fur 1 pied 11 pouces de large.

133. Portrait de Mme Guiard, peint par elle-même.

Ovale de 2 pieds 5 pouces de haut, fur 2 pieds 1 pouce de large.

134. Plufieurs Portraits fous le même numéro.

AGRÉÉS.

Par M. *Hall*, Agréé.

135. Plufieurs morceaux en miniature & en émail fous le même numéro.

Par M. *Martin*, Agréé.

136. Un Vieillard ayant les mains appuyées ſur une béquille.

46 pouces de haut, ſur 28 de large.

137. Deux Tableaux repréſentant chacun une Femme Indienne portant ſon Enfant.

48 pouces de haut, ſur 44 de large.

138. Deux Tableaux, l'un une Femme, & l'autre un Jeune homme, Eſpagnols.

20 pouces de haut, ſur 16 de large.

Par M. *Robin*, Agréé.

139. Jeſus-Chriſt répand ſur le globe du monde les lumieres de la Foi, par le miniſtere des Apôtres.

Tableau deſtiné pour le Séminaire de Blois, de 15 pieds de haut, ſur 10 de large.

140. Eſquiſſe du plafond exécuté dans le ſallon de M. de Montholon, Conſeiller d'Etat.

La Juſtice, accompagnée de la Force & du Génie des Loix, écarte de la Terre les vices ſortis de la boîte de Pandore; les figures feintes de ſtuc & autres ſujets en camée qui entourent le ſujet principal, déſignent les vertus relatives à la Magiſtrature.

Cette Eſquiſſe, de 6 pieds de large ſur 5 de haut, appartient à M. Soufflot le Romain, Architecte.

141. Portrait de M. B **, Chanoine de Saint-Victor.

Par M. *Wille*, le Fils, Agréé.

142. Les Etrennes de Julie.

2 pieds 2 pouces de haut, ſur 2 pieds de large.

143. Le Déjeûner.

1 pied 10 pouces de haut, ſur 1 pied & demi de large.

144. Le Bouquet.

1 pied 7 pouces de haut, ſur 1 pied 3 pouces de large.

145. Les Délices maternelles.

1 pied 2 pouces de haut, ſur 2 pieds de large.

146. Cléopatre, de même grandeur que le précédent.

147. Tête de Vieillard, étude d'après nature.

2 pieds de haut, ſur 1 pied 8 pouces de large.

Par M. *Bardin*, Agréé.

148. Jeſus-Chriſt chez le Phariſien, ou la Pénitente.

Ce Tableau, deſtiné pour la Chartreuſe de Valbonne en Languedoc, a 15 pieds de long, ſur 6 pieds & demi de haut.

Par M. *Lenoir*, Agréé.

149. Pluſieurs Portraits ſous le même numéro.

Par M. *le Barbier*, l'aîné, Agréé.

150. Henri IV & Sully.

Ce ſujet eſt connu par la Pièce de la Partie de Chaſſe de Henri IV; l'Auteur de la Pièce a mis la Scène dans la Galerie de Fontainebleau; mais elle s'eſt paſſée à Fontainebleau dans l'allée anciennement dite des Mûriers-Blancs.

Sully rapporte lui-même, que lorfqu'il entra dans la chambre du Roi, ce Prince dit à Beringhem avec impatience : *il ne fait pas beau temps; je ne veux pas monter à cheval, débottez-moi*; qu'après il defcendit dans le jardin de la Reine, prit le chemin du Chenil, & fit appeller Sully, qui avoit pris congé de lui, & lui dit : *venez çà, n'avez-vous rien à me dire?* Il me prit par la main, dit Sully, & me menant dans l'allée des Mûriers, il fit mettre à l'entrée deux Suiffes, qui n'entendoient pas le François.... Je voulois embraffer fes genoux, il ne le fouffrit pas, afin que ceux des courtifans qui auroient vu de loin cette pofture ne puffent pas croire que j'y avois eu recours pour obtenir le pardon d'un crime réel..... A la fin de cette fcène, le Roi reprit les papiers qui avoient été l'objet de leur explication.

Ce Tableau, ordonné pour le Roi, a 8 pieds de large, fur 10 de haut.

151. Le Jeu d'Offelets chez les Grecs.

29 pouces de haut, fur 20 de large.

152. Le Sommeil de Jupiter. Efquiffe.

153. Etude de Prêtreffe.

154. Deux Deffins d'Académie fur papier bleu.

155. Six Deffins pour les Œuvres pofthumes de J. J. Rouffeau.

156. Deux Deffins coloriés, l'un la création, & l'autre la Vie Paftorale.

157. Six Deffins pour les Œuvres de Geffner.

Par M. *de Bucourt*, Agréé.

158. Vue de la Halle, prife à l'inftant des réjouiffances

publiques données par la Ville le 21 Janvier 1782, à l'occafion de la naiffance de Monfeigneur LE DAUPHIN.

3 pieds 8 pouces de large, fur 2 pieds 9 pouces de haut.

159. Un Charlatan.

8 pouces de large, fur 6 de haut.

160. Deux petites Fêtes, même grandeur.

161. Plufieurs petits Tableaux, fous le même numéro.

Par M. *David*, Agréé.

162. La douleur & les regrets d'Andromaque fur le corps d'Hector fon mari.

Tableau de 8 pieds 7 pouces de haut, fur 6 pieds 4 pouces de large.

163. Deux Portraits fous le même numéro.

164. Deffein d'une Frife dans le genre antique.

165. Autres Tableaux fous le même numéro.

Par M. *Renaud*, Agréé.

166. Perfée délivre Andromede, & la remet entre les mains de fes Parens.

Ce Tableau a 9 pieds de haut, fur 8 de large.

167. L'Education d'Achille par le Centaure Chiron.

6 pieds & demi de large, fur 8 de haut.

168. Tête de Veftale.

169. Enée offre des préfens à Latinus, & lui demande fa fille en mariage. *Efquiffe*.

170. Pyrrhus tue Priam fur le dernier de fes fils. *Efquiffe*.

171. Baptême de N. S. *Efquiffe.*

172. Deux petits Tableaux, l'un la répétition d'Andromede délivrée par Perfée, & l'autre le mariage de Perfée & Andromede.

173. L'Aurore & Céphale.

4 pieds de large, fur 3 de haut.

174. Plufieurs Têtes de même grandeur, fous le même numéro.

175. Une Académie peinte.

176. Un Chrift, étude deffinée.

177. Etude deffinée d'un Perfée.

178. Deffin du Colifée.

Par M. *Taillaffon*, Agréé.

179. Naiffance de Louis XIII, Henri IV invoquant fur fon fils la Bénédiction du Ciel, & lui donnant la fienne, femble lui remettre fon épée dans la main, priant Dieu qu'il lui faffe la grace de s'en fervir feulement pour fa gloire & pour la défenfe de fon Peuple. *Péréfixe.*

Ce Tableau a 9 pieds 3 pouces de large, fur 11 pieds 3 pouces de haut.

180. Mezence, Roi d'Etrurie, bleffé & retiré du combat, à qui l'on apporte le corps de Laufus fon fils. *Virgile*, l. x.

Ce Tableau a 6 pieds 6 pouces de large, fur 4 pieds 8 pouces de haut.

181. Tableau repréfentant un Fleuve.

5 pieds de haut, fur 4 de large.

182. Deux têtes de Vieillard fous le même numéro.

183. Plufieurs autres Têtes de même grandeur.

184. Trois Efquiffes lavées fous le même numéro; l'une repréfente Priam conduifant le corps d'Hector à Troie, arrêté par la foule du Peuple aux portes de la Ville.

L'autre Hector fur un lit funèbre, & entouré de fa Famille en pleurs; la troifieme eft le récit de la mort de Polifonte dans la Tragédie de Mérope de Voltaire.

Par M. *Julien*, Agréé.

185. Triomphe d'Aurélien. Cet Empereur après avoir vaincu Zénobie & Tetricus, triomphe dans Rome; les Romains voient avec déplaifir pour la premiere fois, une Femme à la fuite du Char du Triomphateur.

Ce Tableau a 8 pieds de long, fur 5 de haut; il appartient à M. le Duc de la Rochefoucault.

186. Deux Académies peintes, fous le même numéro.

187. Deux Efquiffes peintes, fous le même numéro; l'une eft le triomphe de la Religion, & l'autre l'Ordination.

188. Trois Têtes, d'un Vieillard, d'un Jeune-homme & d'une Bacchante, fous le même numéro.

Deffins.

189. Figures Académiques.

190. Pfiché portée par les Nymphes fur l'autre bord du Fleuve, où elle vouloit fe noyer.

191. Titon & l'Aurore.

Il appartient à M. Hubert, Greffier du Confeil-Privé du Roi.

192. La vraie Tendreffe coûronnée.

193. Phaëton demandant à conduire le Char de ſon Pere:

C'eſt la compoſition d'un des Plafonds de l'Hôtel de Madame la Princeſſe de Kunska.

194. Cupidon donne un prix à celui des Amours, qui lui apporte plutôt une Colombe.

Par M. *de Marne*, Agréé.

195. Une Vache avec ſon Veau.

Ce Tableau, de 5 pieds 4 pouces de large, ſur 6 & demi de haut, appartient à M. le Marquis de Coſſé.

196. Attaque de Huſſards.

Ce Tableau, de 5 pieds 4 pouces de large, ſur 4 pieds 10 pouces de haut, appartient à S. M. le Roi de Pologne.

197. Marché d'Animaux.

Ce Tableau, de 5 pieds de large, ſur 4 pieds 6 pouces de haut, appartient à M. le Comte de Coſſé.

198. Repos d'Animaux; ſur le devant du Tableau un Berger qui fait faire l'exercice à ſon chien.

2 pieds & demi de large, ſur 2 pieds de haut.

199. Deux Batailles.

Ces Tableaux ont 2 pieds 3 pouces de large, ſur 21 pouces de haut.

200. Baſſe-cour, dans laquelle il y a des animaux, & un Laboureur revenant des champs.

Tableau de 18 pouces de haut, ſur 22 de large, appartenant à M. le Comte de Coſſé.

201. Un Payſage montagneux, vue du Lac Morat en

Suisse; sur le devant, sont plusieurs figures & animaux qui attendent un bac.

20 pouces de large, sur 1 pied de haut.

202. Une Ruine, près de laquelle on voit une chûte d'eau.

20 pouces de large, sur 17 de haut.

203. Paysage avec figures & animaux, vue des Pays-Bas de Flandres; dans le lointain, on voit un Château à Tourelles.

Il a 2 pieds 3 pouces de large, sur 2 pieds de haut.

Ces 3 Tableaux appartiennent à M. Gallot, Gentilhomme de Mgr Comte d'Artois.

204. Ruine avec figure & animaux.

2 pieds 3 pouces de large, sur 1 pied 8 pouces de haut.

205. Deux Paysages aussi ornés de figures & animaux.

Ils ont 2 pieds 5 pouces de large, sur 2 pieds 2 pouces de haut, & appartiennent à M. Girardot de Marigny.

206. Autre Paysage.

16 pouces de large, sur 13 de haut.

207. Corps-de-Garde.

Tableau d'un pied de large, sur 10 pouces de haut, appartenant à M. Villers.

Par M. *Nivard*, Agréé.

208. Vue du Château & Village de Maupertuis en Brie, & d'une partie d'un jardin appellé l'Elisée, appartenant à M. le Marquis de Montesquiou, premier Ecuyer de MONSIEUR.

Ce Tableau a 3 pieds 7 pouces de haut, ſur 4 pieds 7 pouces de large.

209. Vue d'une Ferme en Beauvoiſis.

Ce Tableau appartient à M. le Marquis de Ségur, Maréchal de France & Miniſtre de la Guerre. Il a 13 pouces de haut, ſur 18 pouces de large.

210. Vue d'un Château en Lorraine.

Tirée du Cabinet de M. le Comte de Vaudreuil, de 13 pouces de haut, ſur 17 de large.

211. Vue de l'Egliſe de Maricel, à une lieue de Beauvais.

Ce Tableau, de 2 pieds 10 pouces de haut, ſur 3 pieds 10 pouces de large, eſt à M. Duclos Duſreſnoy, Notaire.

212. Vue d'une Chaumiere en Beauvoiſis.

18 pouces de haut, ſur 23 pouces de large.

Tableaux à Gouache.

213. Egliſe Gothique.

16 pouces de haut, ſur 20 de large, à M. le Marquis de Bercy.

214. Port d'une Riviere.

20 pouces de haut, ſur 2 pieds 1 pouce de large; il appartient à M. le Marquis de Monteſquiou.

215. Moulin appellé Echalas, près Saint-Denys.

Ce Tableau, d'un pied 6 pouces de haut, ſur 2 pieds de large, appartient à M. le Duc de Chabot.

SCULPTURES.

OFFICIERS.

PROFESSEURS.

Par M. *Pajou*, de l'Académie des Infcriptions & Belles-Lettres, de celles de Bologne, de Rome, &c., Profeffeur & Tréforier.

216. Turenne.

Le Maréchal de Turenne femble dans l'intention de défendre la Couronne de France, qu'il foutient de la main gauche, tandis que de la droite il tient fon épée nue.

Statue en marbre de 6 pieds de proportion, ordonnée pour le Roi.

217. Bas-relief, dont le fujet eft allégorique, de trois pieds de long, en plâtre. Il repréfente l'Amitié fous la figure de Pollux, qui armé du Sceptre d'Efculape, chaffe la mort prête à frapper une jeune perfonne dans la fleur du bel âge, & dont l'exiftence fait la félicité de ceux qui font près d'elle.

218. Portrait de Madame Lebrun, Académicienne.

Bufte en terre cuite.

Par M. *Caffiery*, Profeffeur.

219. Moliere.

Modèle en plâtre de 6 pieds de proportion. Cette Statue doit être exécutée en marbre pour le Roi.

220. Jean de Rotrou.

Ce Bufte en marbre doit être placé dans le foyer du Théâtre François; le portrait original a été communiqué à l'Artifte, par M. Rotrou de la Chambre des Comptes, arrière petit-neveu du Poëte, ainfi que la note fuivante.

Rotrou, né à Dreux le 21 Août 1609, y mourut le 28 Juin 1650, dans la charge de Lieutenant au Bailliage, d'une maladie épidémique qui défoloit fa patrie; en vain fes amis le fupplierent de s'en éloigner, obligé par fes fonctions publiques d'y maintenir le bon ordre, il mourut victime de fon devoir; il eft regardé comme le fondateur du Théâtre. Corneille l'appeloit fon pere. Le Cardinal de Richelieu, chef de la ligue formée contre le Cid, ne put jamais y engager Rotrou, & le Poëte ne perdit ni l'eftime ni les bonnes graces du Miniftre. Rotrou étoit joueur, par conféquent expofé fouvent à manquer d'argent; il avoit imaginé, pour fe ménager des fonds & des reffources pour alimenter fa paffion, de jetter fon argent dans un tas de fagots enfermés dans fon cabinet; il les fecouoit au befoin, mais il reftoit toujours quelque chofe en réferve; il travailloit avec une facilité extrême; il a compofé trente-fept Pièces de Théâtre, tant Tragédies que Comédies : les plus connues font *Antigone*, *Cofroès*, remife en 1704, & *Vencefias*, refté au Théâtre.

221. Thomas Corneille.

222. M. Favart.

223. Madame ***.

Ces trois Buftes font en terre cuite.

Par M. *Bridan*, Profeffeur.

224. Vauban.

Le Maréchal eft dans l'attitude de commander, & paroît affurer la prife de plufieurs places, dont il montre les plans.

Modèle en plâtre de 6 pieds de proportion; cette figure doit être exécutée en marbre pour le Roi.

Par M. *Gois*, Profeffeur.

225. Nouveau projet d'un piédeftal à la gloire de Henri IV & de Louis XVI.

Sur la face principale du Piédeftal eft repréfentée la France, qui pofe le médaillon de Louis XVI fur l'autel confacré par l'amour des peuples, & le couronne du cercle de l'immortalité comme annonçant les vertus de Henri IV. A fa gauche deux Génies; l'un fous le fymbole de la Reconnoiffance, grave fur une table d'airain les principaux traits qui ont déjà illuftré le règne du jeune Monarque; l'autre, fous le caractère de la Félicité publique, orne de fleurs fon image; fur le corps de l'Autel on voit un Dauphin environné de rayons, ce qui rappelle l'événement heureux qui a fini l'année 1781. La main droite de la France, élevée vers Henri IV, femble le montrer au peuple comme le modèle des Rois; au bas du Piédeſtal eſt placé le médaillon de Sully, grouppé avec les attributs de la fidélité.

En tournant de la droite le Piédeſtal, cette face repréſente Hercule, vainqueur de l'Hydre; allégorie relative aux obſtacles que ce Prince a eu à ſurmonter pour affermir la couronne ſur ſa tête. Dans le bas-relief, Henri paroît accompagné de la Victoire & de la Paix; la Ville, ſuivie des Magistrats, lui remet les clefs.

En tournant toujours de la droite ſur la troiſieme face, l'Hiſtoire, un livre à la main, écrit la vie de ce grand Roi. Parmi d'autres livres qui ſont épars aux pieds de la figure de l'Hiſtoire, on diſtingue les Mémoires de Sully. La faulx briſée, déſigne l'inutilité des efforts du Temps pour détruire ce Monument, élevé à la mémoire de ce Monarque. Parmi les attributs des Arts, le Sculpteur a placé le buſte de Titus.

Sur la quatrieme face, Minerve, Déeſſe de la Sageſſe & de la Paix, eſt accompagnée de tous les Symboles caractériſtiques des vertus de Henri IV. La Corne d'abondance déſigne l'établiſſement des Manufactures & la proſpérité du commerce; le livre, l'épée & la balance, le maintien des loix; le lion, ſa force & ſa générosité; le miroir & le ſerpent, ſa prudence; le coq, ſon activité; les palmes & les lauriers, l'heureux ſuccès de ſes armes.

226. Petit Modèle en cire.

Le ſujet eſt un trait particulier de la vie privée de Henri IV. Ce prince chaſſant dans le Vendômois & ſe trouvant ſeul & éloigné de ſon monde, rencontre un Payſan affis tranquillement ſur le bord d'un chemin. Que fais-tu là? dit Henri IV. — J'attends pour voir paſſer le Roi. — Puiſque tu ne le connois pas, monte en croupe derriere mon cheval, & je te conduirai au rendez-vous. Le Payſan monte, & chemin faiſant il demande à Henri IV, qu'il tenoit à braſſe-corps, à quoi il reconnoîtroit le Roi. — Le Roi ſera celui qui aura ſeul le chapeau ſur la tête. Arrivés tous deux au rendez-vous le Prince ſe retourne & dit à ſon compagnon de voyage. Eh bien! vois-tu à préſent qui eſt le Roi? Pardieu, répond notre homme, il faut que ce ſoit vous ou moi, car il n'y a que nous ici qui ſoyons couverts.

227. Pluſieurs Portraits, dont un en marbre, ſous le même numéro.

228. Quelques Modèles en cire, & Portraits en porcelaine, ſous le même numéro.

229. Eſquiſſe de S. Vincent.

Le modèle vient d'être placé dans l'Egliſe Royale de Saint-Germain-l'Auxerrois.

Deſſins.

230. Adoration des Bergers, à gouache.

231. Pluſieurs Deſſins, comme Vignettes, Culs-de-lampe, tirés du Poëme des Quatre-Ages.

ADJOINTS A PROFESSEUR.

Par M. *Mouchy*, Adjoint à Profeſſeur.

L'Artiſte vient de faire poſer tout récemment un Modèle en plâtre, de 6 pieds de proportion, repréfentant S. Germain l'Auxerrois, dans l'Églife paroiffiale & Royale de ce nom.

Un autre Modèle d'une figure de S. Jean-Baptifte, en plâtre, vient d'être placée dans l'Eglife de la Chapelle, chemin de S. Denys.

Par M. *Berruer*, Adjoint à Profeffeur.

232. Un Amour Enfant.

Modèle en plâtre talc, proportion de 2 pieds 7 pouces.

233. Plufieurs Portraits fous le même N°.

Par M. *Julien*, Adjoint à Profeffeur.

234. La Fontaine.

La Fontaine travailloit par tout où il fe trouvoit. Un jour la Ducheffe de Bouillon allant à Verfailles, le vit le matin rêvant fous un arbre du cours, & l'y retrouva le même foir au même endroit & dans la même attitude. L'Artifte a cru devoir faifir ce moment.

Modèle en plâtre de 6 pieds de proportion; cette figure doit être exécutée en marbre pour le Roi.

235. Un Berger tuant un ferpent.

Figure de plâtre, grandeur naturelle.

236. Un jeune Camille.

Tête en marbre.

237. Les Nymphes coupant les ailes de l'Amour.

ACADÉMICIENS.

Par M. *Le Comte*, Académicien.

238. La REINE, portant le portrait du Roi en médaillon, Bufte en marbre de grandeur naturelle.

Ce Bufte appartient à M. l'Abbé de Vermont, Lecteur de la Reine.

239. M. d'Aubenton, de l'Académie Royale des Sciences. Bufte en marbre imitant la terre cuite.

240. Bas-relief en plâtre, repréfentant un Voyageur qui fe repofe.

4 pieds & demi de long, fur 3 pieds 4 pouces de haut.

Par M. *Houdon*, Académicien.

Buftes en marbre.

241. Du Général Soltikoff.
242. Du Comte Soltikoff fon fils, auffi Général.
243. De Madame de Sérilly.
244. De Mademoifelle Robert, fille de M. Robert, Peintre du Roi.
245. De M. Louis, Chirurgien.
246. Le Bufte d'Alexandre, pour S. M. le Roi de Pologne.
247. Le Bufte de La Fontaine.

Le modèle a été fait en 1781 pour M. le Préfident Aubry.

248. Bufte de M. le Comte de Buffon; il a été exécuté en marbre aux frais de S. M. l'Impératrice de toutes les Ruffies.

249. Madame la Princeſſe Achkow, Directrice de l'Académie des Sciences de Saint-Pétersbourg. *Buſte en Bronze.*

250. Leurs Alteſſes le Prince & la Princeſſe de Mecklimbourg-Schwérin.

251. M. de la Rive, de la Comédie Françoiſe, dans le rôle de Brutus.

Une jeune Fille en marbre de grandeur naturelle exprimant le froid, ſurnommée la Frileuſe. Elle eſt chez l'Auteur à la Bibliothèque du Roi.

Une Statue de Diane en bronze chez M. Girardot de Marigny, rue Vivienne.

Une Fontaine compoſée de deux figures de grandeur naturelle, l'une en marbre blanc, & l'autre imitant une Négreſſe, exécutées & placées dans le Jardin de Monſeigneur le Duc de Chartres, à Mouceaux, près de Paris.

Par M. *Boizot*, Académicien.

252. Les Elémens rendant hommage à l'Amitié.

Bas-relief en marbre de 20 pouces de large, ſur 16 de haut.

253. Tête de Femme en marbre.

254. Buſte de M. Vernet, Peintre du Roi, en bronze.

255. Buſte de Racine, en plâtre.

L'Artiſte doit l'exécuter en marbre pour le ſubſtituer à celui qu'il a déjà poſé dans le Foyer de la Comédie Françoiſe, & qui ſe trouve trop petit pour la place.

Par M. *de Joux*, Académicien.

256. Catinat.

Figure en marbre de 6 pieds de proportion pour le Roi. L'Artiſte a ſaiſi le moment où le Maréchal de Catinat, étant aux plaines de Marſal, & ayant examiné la poſition des ennemis, trace à la hâte ſur le ſable ſon projet d'attaque, le communique à ſes Officiers & remporte après une victoire mémorable.

257. Achille.

Figure en plâtre de 7 pieds de proportion.

Par M. *Monnot*, Académicien, premier Sculpteur de Mgr Comte d'Artois.

258. Son Alteſſe Royale, Frédéric-Guillaume, Prince de Pruſſe.

259. Monſeigneur le Duc d'Angoulême.

260. M. le Comte de Ségur.

261. Madame la Comteſſe de Ségur.

Ces 4 Buſtes ſont en marbre.

262. Le Révérend Pere Eliſée.

Buſte en plâtre.

263. Figure en plâtre, repréſentant un Victimaire qui attend l'ordre du Sacrificateur pour immoler la Victime.

264. Pluſieurs Portraits, ſous le même numéro.

AGRÉÉS.

Par M. *Clodion-Michel*, Agréé.

265. Monteſquieu.

Statüe en marbre de 6 pieds de proportion, exécutée pour le Roi.

Par M. *Roland*, Agréé.

266. Une partie de Bas-relief, de 21 pieds de long ſur 5 de haut, repréſentant un Sacrifice des Anciens, & deſtiné pour l'Hôtel de S. A. S. Monſeigneur le Prince régnant de Salm-Kirbourg.

267. L'Aſtronomie & la Géométrie.

Bas-relief, deſſus de porte de 5 pieds de long.

Médaillons.

268. M. le Noir, Conſeiller d'Etat, Lieutenant de Police.

269. Philibert de Lorme, Architecte de Henri II, Inventeur du procédé de la couverture dont on vient de faire uſage à la nouvelle Halle.

Ces deux Médaillons doivent être placés dans la Halle aux Bleds.

270. Deux Buſtes d'Etude, ſous le même numéro.

271. Caton d'Utique.

Figure en plâtre.

Par M. *Moitte*, Agréé.

272. Oreſte.

Figure en plâtre.

273. Mme Rouſſeau, Epouſe de M. Rouſſeau, Architecte, ancien Penſionnaire du Roi.

274. Fête à Cybèle.

Eſquiſſe d'un bas-relief en terre cuite.

Deſſins.

275. Fête Bachique.

Deſſin à la ſanguine.

276. Les Quatre-Saiſons, ſous le même numéro.

GRAVURES.

OFFICIERS.

ACADÉMICIENS.

Par M. *Levasseur*, Académicien.

277. La Laitiere.
D'après M. Greuze.

Par M. *Beauvarlet*, Académicien.

278. Esther, couronnée par Assuérus.
Estampe gravée d'après de Troy.

279. Renaud & Armide.
Dessin au papier bleu, d'après le même, pour être gravé.

Par M. *Du Vivier*, Académicien, Graveur Général des Monnoies de France & des Médailles du Roi.

280. Sous un même cadre.

N° 1. Médaille de dix-huit lignes pour l'histoire du Roi sur la naissance de Mgr LE DAUPHIN.

N° 2. Médaille de vingt-sept lignes pour les six Corps à la même occasion.

N° 3. Médaille de trente-deux & de vingt-deux

lignes, ordonnée par la Ville de Paris pour la réception de leurs Majeftés à l'Hôtel-de-Ville.

N° 4. Nouvelle Médaille pour la Caiffe d'Efcompte.

N° 5. Médaille pour le prix de l'Académie de Châlons-sur-Marne.

N° 6. Jetton de la Faculté de Médecine. M. Pourfour du Petit, doyen.

Par M. *Cathelin*, Académicien.

281. Mort de Lucrece.
D'après Pellegrini.

282. Portrait en Médaillon de M. Le Bas.
D'après M. Cochin.

283. Autre Portrait en Médaillon de M. Sacchini.
D'après M. Jay.

284. Portrait en petit de Charles Rollin.
D'après C. Coypel.

Par M. *Miger*, Académicien.

285. Hercule & Omphale.
D'après le morceau de réception de M. Dumont le R.

286. Le Portrait de Louis-Michel Vanloo.
D'après le Tableau peint par lui-même, où il s'eft repréfenté en travaillant au portrait de fon pere, Jean-Baptifte Vanloo.

287. Portrait de Voltaire.
Le Deffin eft de M. Vincent, d'après le bufte de M. Houdon.

288. Tête de Religieufe.
D'après M. Vincent.

289. Plufieurs petits Portraits, d'après les Deffins de M. Cochin.

Deffins.

290. Portrait de M. l'Evefque, Auteur d'une hiftoire de Ruffie.

291. Plufieurs Deffins en Médaillons fous le même numéro.

AGRÉÉS.

Par M. *Strange*, Agréé.

292. Charles premier, roi d'Angleterre.
D'après le Tableau de Vandick.

Par M. *de Saint-Aubin*, Agréé.

293. Un cadre renfermant quatre ovales, dans chacun defquels eft repréfentée une figure de Femme vue à mi-corps, deffinée au crayon noir, mêlé d'un peu de paftel.

294. Plufieurs Portraits, deffinés à la mine de plomb mêlée de paftel.

295. Deux cadres contenant chacun douze Deffins à la fanguine, d'après les pierres gravées antiques, du cabinet de Monfeigneur le Duc d'Orléans.

Gravures.

296. Le Portrait de M. Perronnet, Chevalier de l'Ordre du Roi, premier Ingénieur des Ponts & Chauffées.
D'après M. Cochin.

297. Portrait de M. de la Motte-Piquet, Chef d'Efcadre.

298. Portrait de M. Pigalle, Chevalier de l'Ordre du Roi.

D'après M. Cochin.

299. Portrait de M. Linguet.

D'après M. Greuze.

300. Portrait de M. Pélerin, ſavant Antiquaire.

Par M. *de Launay*, Agréé.

301. La Partie de plaiſir.

D'après Wœnix.

302. Dites, s'il vous plait.

303. Les Beignets.

304. Deux Eſtampes gravées d'après M. Fragonard, ſous le même numéro.

305. La Gaieté Conjugale.

D'après le Deſſin de M. Frendeberg.

Par M. *Moreau, le jeune*, Agréé,
Graveur & Deſſinateur du Cabinet du Roi.

306. Quatre Deſſins des Fêtes de la Ville, à l'occaſion de la naiſſance de Mgr LE DAUPHIN.

Le premier, l'arrivée de la Reine à l'Hôtel-de-Ville.

Le ſecond, le Feu d'Artifice.

Ces deux deſſins ont 27 pouces de long ſur 17 de haut.

Le troiſieme, le Repas donné par la Ville à leurs Majeſtés.

Le quatrieme, le Bal Maſqué.

307. Deſſin allégorique pour la convaleſcence de MADAME, Comteſſe d'Artois.

14 pouces de long, ſur 10 de haut.

308. Autre Deffin allégorique.

12 pouces de haut, fur 9 de large.

309. Douze Deffins pour les Œuvres de Voltaire, dont la collection eft dédiée à S. A. R. Frédéric-Guillaume, Prince de Pruffe.

310. Fabricius recevant des Députés au moment qu'il fait cuire des légumes.

Ce Deffin appartient à M. le Duc de Chabot.

311. Fête projettée fur l'emplacement de l'Orangerie & de la piece des Suiffes à Verfailles pour la Naiffance de Mgr le Dauphin, en deux Deffins de trente-trois pouces de long fur treize de hâut; le premier repréfente le plan & la coupe fur la plus grande longueur; le fecond la vue perfpective prife de l'Orangerie.

312. Portrait de Madame de la Ferté.

Par M. *Henriquez*, Graveur de S. M. I. de toutes les Ruffies & de l'Académie de Saint-Pétersbourg.

313. Honneurs rendus au Connétable du Guefclin.

D'après le Tableau de M. Brenet.

314. Portrait de S. A. S. Madame la Ducheffe de Chartres.

D'après M. Dupleffis.

315. Minerve écarte le Dieu de la guerre & protége la Fécondité.

D'après Rubens.

316. Une Dame lifant une lettre qu'un Domeftique lui apporte.

D'après Terburg.

FIN.

SUPPLÉMENT.

PEINTURES.

Par M. *Vertmuller*, Agréé.

317. M. le baron de Stahl, Miniſtre Plénipotentiaire du Roi de Suède à la Cour de France, Chambellan de S. M. le Roi de Suède, & Chevalier de l'Ordre de l'Épée.

Ce tableau a 4 pieds 6 pouces de haut, ſur 3 pieds 6 pouces de large.

318. M. Hillebrand, Gentilhomme Suédois.

319. M. Terſnéeden, Gentilhomme Suédois & Lieutenant aux Gardes du Roi de Suède.

320. M. de Gentil, Capitaine à la ſuite des Dragons.

Nogent-le-Rotrou, imprimerie de A. Gouverneur.

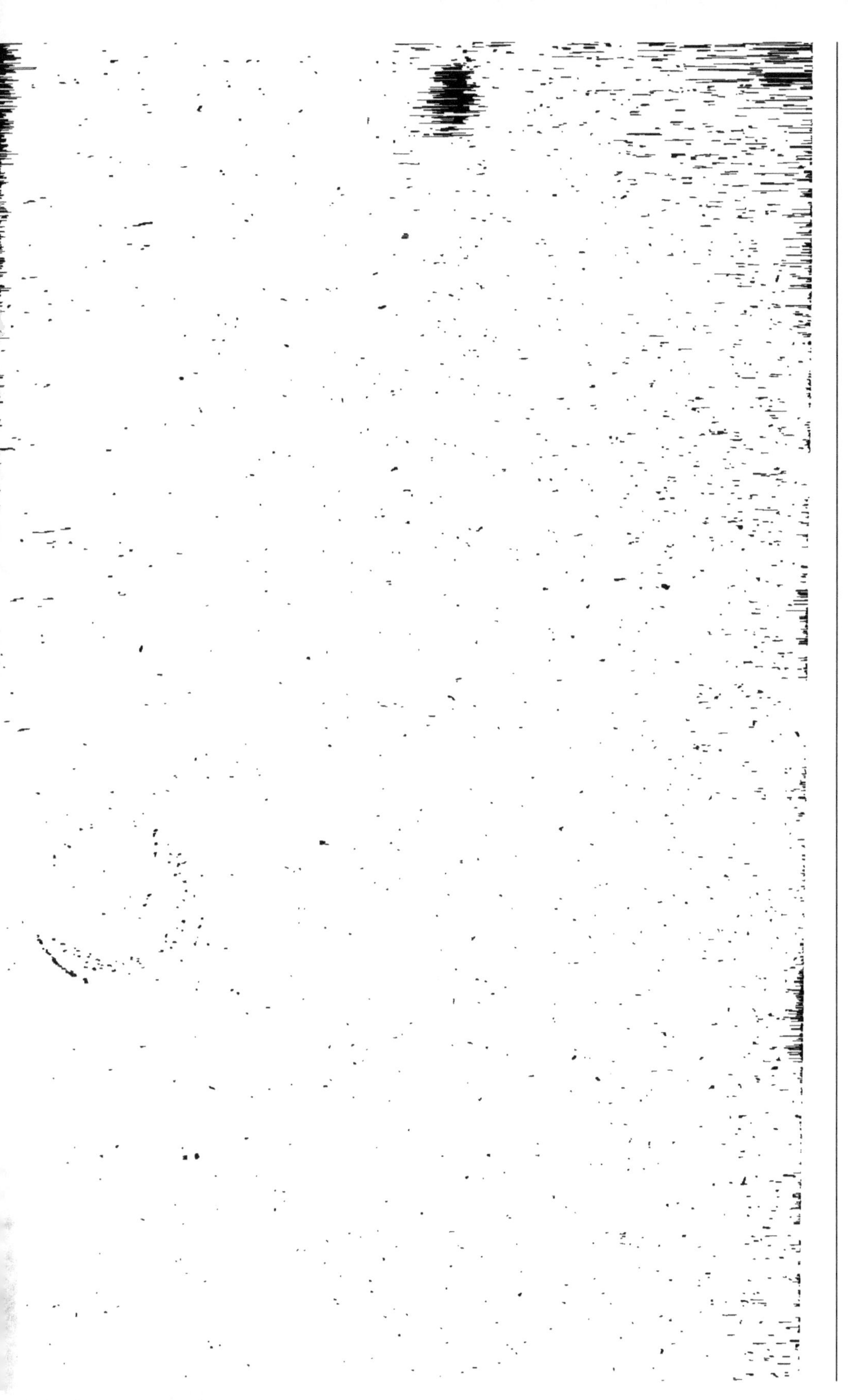

www.ingramcontent.com/pod-product-compliance
Lightning Source LLC
LaVergne TN
LVHW010045230826
846091LV00005B/1873
9782013686600